# |最新|
# 看板・サイン大全集
## URBAN SIGN DESIGN

PIE BOOKS

PIE BOOKS
2-32-4, Minami-Otsuka, Toshima-ku, Tokyo 170-0005 JAPAN
Tel: +81-3-5395-4811  Fax: +81-3-5395-4812

e-mail:
editor@piebooks.com    sales@piebooks.com    http://www.piebooks.com

ISBN4-89444-481-X C3070

Printed in Japan

# Contents

# 看板ウォッチングを楽しむ1冊

　街を歩きながら魅力的な看板に出会うとしばらく立ち止まって眺める。また、久しぶりに訪れた街で古くからの看板に出会うと旧友に再会したような懐かしさを感じる。

　本書の構想のために下見取材を開始したのは2002年後半のこと。そして2005年7月中旬にかけて撮影をした。その間に首都圏では再開発、リニューアルなどによって大型商業施設や高層ビル群が次々と誕生した。結果、系列店、ブランド店の進出がますます顕著になった。大型プリント看板がポスター感覚で使用されてデザイン的に街を刺激し、季節感やトレンド感を与えている。一方、一般個店、専門店では普遍的、伝統的なスタイルの地域に根付いた看板も健在だった。
　取材中に感じたことは、街の景観や環境に配慮された(融合した)看板が目立つことだった。魅力を感じた看板はそんな中に多くあったように思う。また、工事中のビルや店舗の仮囲いがデザイン化され楽しくなった。工事の煩わしさを忘れさせ、店舗や企業イメージを抵抗感なく周囲に融合させていた。

　看板の起源にアメリカのビルボード(bill board)がある。ビルの壁面に広告内容をペインティングしたものだが、今回の取材中にも商業施設の壁面や通路にトリックアート(だまし絵)の手法を取り込んだものが多く見られた。大型のプリント看板もビルボードの変形と見てもよいのかもしれない。また、日本やヨーロッパの看板の原点は、商品や道具、ロゴ・マークなどを店先に掲げたものといわれている。こうしたデザインモチーフやコンセプトは、現在にも継承され、今後はさらに洗練されシンプルに進化し続けるのではないだろうか。

　大小さまざまに設置された看板を風景としてとらえると、普段見慣れた街でもまた違った眺めになる。ウインドショッピング同様、看板ウォッチングで街歩きがより楽しめる。そして、本書はページをめくるたびに、居ながらにして都市の看板ウォッチングが楽しめる1冊となったのではないだろうか。

2005年10月　辻田　博

# Bringing you the pleasure of sign-watching

Walking round town, whenever I spot an attractive sign, I stop for a moment to study it. And when I visit a place after a long absence and spot a sign that was there before, it's like bumping into an old friend.

I started working on the concept for this book in the second half of 2002, and finished taking photographs for it in mid-July 2005. During this period, extensive redevelopment and revamping of the Tokyo metropolitan area saw the creation of one giant shopping complex and collection of high-rise buildings after another. The result has been a notable increase in the number of chain and name brand stores. Large printed signs are being used like posters, adding an invigorating design dimension to the streets, with a feel for the seasons and latest trends. At the same time, at ordinary shops and specialty stores, signs in universal, traditional styles firmly rooted in the local culture were thriving as ever.

One thing I sensed while gathering material for this book was the proliferation of signs that took into account (fused with) the streetscape and environment. Many of the signs I found most attractive belonged to this group. Another thing I noticed was the design features on temporary barriers around buildings and stores under construction, adding an element of fun. Helping customers and passersby to forget the inconvenience caused by the construction work, the result is an effortless blending of store and company image with the surroundings.

The billboards of the US were some of the original signs, advertisements painted on the walls of buildings. Collecting material for this book I encountered a lot of signage making clever use of optical illusions on the walls and passageways of shopping complexes. Large printed signs are another variation on billboards. The signs of Japan and Europe meanwhile are said to trace their origins to the display of products, tools and logos in stores. These design motifs and concepts are still employed today, and will no doubt continue to be refined further, evolving into ever more simple forms.

Start seeing the signs large and small in your neighborhood as forming a landscape of their own, and even the most familiar street scene takes on a different aspect. Like window shopping, sign spotting is another enjoyable reason to stroll the streets. This book lets you enjoy the myriad signs of the city without leaving the comfort of your chair.

Hiroshi Tsujita  October 2005

**クレジットフォーマット**
●クレジットの先頭の番号は、写真の番号と対応しています。
●クレジットは業種（何の看板・サインか）・撮影地を記しています。
●一部、撮影地不明のものも含まれます。

**CD-ROMについて**
●付録のCD-ROMには、本書の掲載写真を収録していますが、一部、収録していないものもあります。予めご了承ください。
●CD-ROMの収録画像のサイズ、およびトリミングは掲載写真と、若干異なります。
●CD-ROMの収録画像の権利は、撮影者に属します。
営利目的で使用される場合は、撮影者の許諾が必要となります。無断での転載を禁じます。
●収録画像は、JPEG形式で保存されています。カラーモードはRGBです。
●収録画像のファイル名について。例えば「011-1.jpg」という画像は、11ページの1番の写真のことです。
●CD-ROMの動作は、WindowsおよびMacintoshで確認をしておりますが、本CD-ROMの利用によって生じたいかなる損害についても小社は一切の責任を負いませんのでご了承ください。

**About the credits**
● The number preceding the credit keys to the photo number.
● Credits identify the field of business (type of sign) and (except where unknown) the location of the photograph.

**About the CD-ROM**
● The supplementary CD-ROM contains most, but not all, of the photographs printed in the book.
● The size and trimming of the photographs on the CD-ROM may differ slightly from the printed photographs.
● Copyrights for all photographs lie with the photographer. Commercial use or reproduction without prior consent from the photographer is strictly prohibited.
● Photographs are saved in the JPEG format. The color setting is RGB.
●Regarding file names: "011-1.jpg", for example refers to photograph number 1 on page 11 of the book.
● The CD-ROM runs on both Windows and Macintosh platforms. Please be aware, however, that PIE Books shall not be responsible for any problem resulting from the use of this CD-ROM.

飲食店
Restaurants

1. **カフェ**　銀座・東京／**Cafe**　Ginza Tokyo

1. レストラン　銀座・東京／Restaurant　Ginza Tokyo　2. カフェ　銀座・東京／Cafe　Ginza Tokyo

1. カフェ　六本木・東京／Cafe　Roppongi Tokyo　2. レストラン・バー　六本木・東京／Restaurant, Bar　Roppongi Tokyo
3. カフェ　原宿・東京／Cafe　Harajuku Tokyo

1. カフェ　南船場・大阪／Cafe　Minamisenba Osaka　2. カフェ・バー　原宿・東京／Cafe, Bar　Harajuku Tokyo
3. カフェ・バー　新橋・東京／Cafe, Bar　Shinbashi Tokyo

| 1 | 2 |
| 3 | 4 |

1. アイスクリーム　恵比寿・東京／Ice cream　Ebisu Tokyo　2. ベトナム料理　町田・東京／Vietnamese cuisine　Machida Tokyo
3. 4. カフェ・レストラン　南船場・大阪／Cafe, Restaurant　Minamisenba Osaka

1.2. **カフェ・バー** 六本木・東京／Cafe, Bar Roppongi Tokyo

1. パン販売・軽食　銀座・東京／Bakery, Cafe　Ginza Tokyo

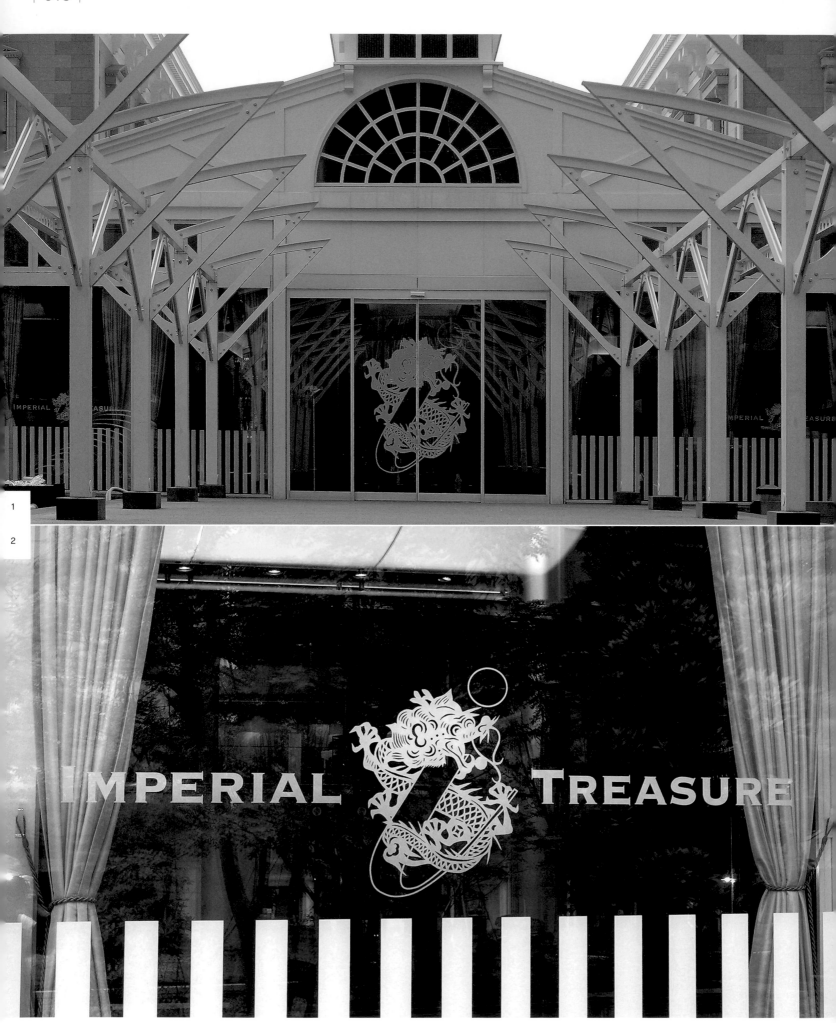

1. 2. **レストラン**　汐留・東京／**Restaurant**　Shiodome Tokyo

1

2

1. 2. **レストラン**　日本橋・東京／**Restaurant**　Nihonbashi Tokyo

1. レストラン　梅田・大阪／Restaurant　Umeda Osaka　2. カフェ　梅田・大阪／Cafe　Umeda Osaka

1. 和食　原宿・東京／**Japanese food**　Harajuku Tokyo
2. ビアレストラン　銀座・東京／**Beer restaurant**　Ginza Tokyo　3. イタリア料理　三条・京都／**Italian cuisine**　Sanjo Kyoto
4. カフェ　河原町・京都／**Cafe**　Kawaramachi Kyoto

1. レストラン　渋谷・東京／Restaurant　Shibuya Tokyo　2. カフェ　原宿・東京／Cafe　Harajuku Tokyo
3. パブ　藤沢・神奈川／Pub　Fujisawa Kanagawa

1

2

1. **焼肉** 神戸・兵庫／**Japanese（Yakiniku）** Kobe Hyogo　2. **カフェ** 相模大野・神奈川／**Cafe** Sagamiohno Kanagawa

1. 2. **アジア料理**　渋谷・東京／**Asian cuisine**　Shibuya Tokyo　3. **カフェ**　銀座・東京／**Cafe**　Ginza Tokyo
4. **ファーストフード**　横浜・神奈川／**Fast food**　Yokohama Kanagawa

1～3. **カフェ** 神戸・兵庫／**Cafe** Kobe Hyogo

1. **カフェ** 鎌倉・神奈川／Cafe Kamakura Kanagawa

1. レストラン　神戸・兵庫／Restaurant　Kobe Hyogo　2. ステーキ　町田・東京／Steak　Machida Tokyo
3. カフェ　銀座・東京／Cafe　Ginza Tokyo

1. カフェ 神戸・兵庫／Cafe Kobe Hyogo　2.3. カフェ 茶屋町・大阪／Cafe Chayamachi Osaka

1. カフェ　銀座・東京／**Cafe**　Ginza Tokyo　2. フードコート　海老名・神奈川／**Food court**　Ebina Kanagawa
3. フードコート　横浜・神奈川／**Food court**　Yokohama Kanagawa

1. カフェ・レストラン　渋谷・東京／Cafe, Restaurant　Shibuya Tokyo

1. カフェ・レストラン　渋谷・東京／Cafe, Restaurant　Shibuya Tokyo　2. 3. 中華料理　横浜・神奈川／Chinese cuisine　Yokohama Kanagawa

1. 3. **ラーメン** 町田・東京／**Ramen noodles** Machida Tokyo　2. **中華料理** 横浜・神奈川／**Chinese cuisine** Yokohama Kanagawa

1. 中華饅頭　渋谷・東京／Chinese buns　Shibuya Tokyo

1. **ラーメン** 横浜・神奈川／**Ramen noodles** Yokohama Kanagawa
2. **寿司** 心斎橋・大阪／**Sushi** Shinsaibashi Osaka 3. **中華料理** 横浜・神奈川／**Chinese cuisine** Yokohama Kanagawa
4. **中華料理** 横浜・神奈川／**Chinese cuisine** Yokohama Kanagawa

1. **中華料理**　横浜・神奈川／**Chinese cuisine**　Yokohama Kanagawa　2. **中華粥**　横浜・神奈川／**Chinese rice gruel**　Yokohama Kanagawa

1. 2. **アジア料理** 茶屋町・大阪／**Asian cuisine** Chayamachi Osaka

1. **タイ料理** 神田・東京／Thai cuisine Kanda Tokyo 2. **ラーメン・餃子** 六本木・東京／Ramen noodles, Dumplings Ruppongi Tokyo
3. **タイ料理** 宗右衛門町・大阪／Thai cuisine Soemoncho Osaka

1. **カフェ** 恵比寿・東京／Cafe Ebisu Tokyo 2. **スペイン料理** 恵比寿・東京／Spanish cuisine Ebisu Tokyo

1. **イタリア料理**　海老名・神奈川／Italian cuisine　Ebina Kanagawa　2. **ギリシャ料理**　横浜・神奈川／Greek cuisine　Yokohama Kanagawa

1. バー　祇園・京都／**Bar**　Gion Kyoto　2.3. ジェラードカフェ　神戸・兵庫／**Gelato cafe**　Kobe Hyogo

1. **レストラン** 六本木・東京／**Restaurant** Roppongi Tokyo 2. **レストラン** 六本木・東京／**Restaurant** Roppongi Tokyo
3. **レストラン** 神田・東京／**Restaurant** Kanda Tokyo

1. **イタリア料理**　日本橋・東京／Italian cuisine　Nihonbashi Tokyo

1　2

3

1. 2. **イタリア料理**　日本橋・東京／**Italian cuisine**　Nihonbashi Tokyo　3. **イタリア料理**　横浜・神奈川／**Italian cuisine**　Yokohama Kanagawa

1. クレープ・カフェ　鎌倉・神奈川／Crepes, Cafe　Kamakura Kanagawa　2. カフェ・レストラン　藤沢・神奈川／Cafe, Restaurant　Fujisawa Kanagawa
3. カフェ　鎌倉・神奈川／Cafe　Kamakura Kanagawa

1. **無国籍料理**　藤沢・神奈川／**International cuisine**　Fujisawa Kanagawa　2. **インド料理**　藤沢・神奈川／**Indian cuisine**　Fujisawa Kanagawa
3. **パスタ料理**　原宿・東京／**Pasta**　Harajuku Tokyo

1. レストラン・ワインバー　藤沢・神奈川／Restaurant, Wine Bar　Fujisawa Knagawa
2. レストラン・バー　鎌倉・神奈川／Restaurant, Bar　Kamakura, Kanagawa

1. **レストラン** 藤沢・神奈川／**Restaurant** Fujisawa Kanagawa　2. **カフェ** 鎌倉・神奈川／**Cafe** Kamakura Kanagawa

1-3. ジュースバー　新宿・東京／Juice bar　Shinjuku Tokyo

GALLERY

RESTAURANT

CAFE/BEER

BREWERY

出来たてビールをどうぞ。

↓
↓
↓

1F・ARTカフェ

1/2F・ビール工場

3F・ビアレストラン

4F・ギャラリー
6F・ホール

KIRIN PLAZA OSAKA

1

1. ビアレストラン　道頓堀・大阪／Beer restaurant　Dotonbori Osaka

1. 2. レストラン街　新宿・東京／Restaurants　Shinjuku Tokyo　3. レストラン街　銀座・東京／Restaurants　Ginza Tokyo

1. 懐石料理　鎌倉・神奈川／Japanese cuisine　Kamakura Kanagawa
2. カフェ　鎌倉・神奈川／Cafe　Kamakura Kanagawa　3. そば　鎌倉・神奈川／Soba noodles　Kamakura Kanagawa
4. 日本料理　渋谷・東京／Japanese cuisine　Shibuya Tokyo

1. バー　藤沢・神奈川／Bar　Fujisawa Kanagawa
2. 日本料理　鎌倉・神奈川／Japanese cuisine　Kamakura Kanagawa　3. そば　鎌倉・神奈川／Soba noodles　Kamakura Kanagawa
4. 和食　先斗町・京都／Japanese food　Pontocho Kyoto

1. ラーメン　藤沢・神奈川／Ramen noodles　Fujisaswa Kanagawa
2. **おにぎり・カフェ**　銀座・東京／Rice ball, Cafe　Ginza Tokyo　3. **焼き鳥・居酒屋**　横浜・神奈川／Japanese (Yakitori) , Pub　Yokohama Kanagawa
4. **居酒屋**　町田・東京／Japanese pub　Machida Tokyo

|   |   |
|---|---|
| 1 | 2 |
| 3 | 4 |

1. 焼き鳥・居酒屋　横浜・神奈川／Japanese (Yakitori) , Pub　Yokohama Kanagawa
2. 焼き鳥・居酒屋　横浜・神奈川／Japanese (Yakitori) , Pub　Yokohama Kanagawa　3. 焼き鳥　銀座・東京／Japanese (Yakitori)　Ginza Tokyo
4. カフェ・和菓子　横浜・神奈川／Cafe, Japanese sweets　Yokohama Kanagawa

1. **中華料理**　相模大野・神奈川／**Chinese cuisine**　Sagamiohno Kanagawa　2. **焼肉**　相模大野・神奈川／**Japanese（Yakiniku）**　Sagamiohno Kanagawa

1. 居酒屋　相模大野・神奈川／**Japanese pub**　Sagamiohno Kanagawa
2. **焼き鳥**　相模大野・神奈川／**Japanese (Yakitori)**　Sogamiohno Kanagawa　3. **居酒屋**　相模大野・神奈川／**Japanese pub**　Sagamiohno Kanagawa
4. **居酒屋**　相模大野・神奈川／**Japanese pub**　Sagamiohno Kanagawa

*Introduction*

Higashiyama Sodoh was the home-atelier of the great Japanese painter, Seiho Takeuchi, created in his last days in 1929, which is the embodiment of all his talents. This sanctuary untouched by man has been reborn in 2003 as THE SODOH, a liberated zone for adults. Enjoy our pride and joy, our genuine Italian cuisine, prepared with abundant regional vegetables of Kyoto and our well-selected wines, whilst admiring the perfect scenery with a loved one or close friends. We also have cigars in our bar. This place remains unchanged as our ancient capital. We hope to share our new history with Kyoto lovers.

Higashiyamasodoh. Seihou Takeuchi. Un grand maître de peinture japonaise, a concentré toute son energie pour créer cette atelier-habitation en 1929. Ce sanctuaire intouchable d'ici là, est devenu en 2003 à un espace libéré "THE SODOH". Avec le bien-aimé ou les amis intimes,regardant cette vue superbe,goûtez du vin slectionné et la cuisine italienne garnie de légumes de kyoto.En outre, au bar, vous trouvrez du cigare. Ici reste toujour ancienne capitale. Avec vous amateur de Kyoto, vivons une novelle histoire.

히가시마야 소도 . 일본 화담의 거장, 다케우치 세이호가 1929년에 자신의 모든 재능을 주력해서 지은 화실 겸 거택이며 그 누구도 발을 놓지 못했던 성역이 2003년, 멋을 아는 어른들을 위한 공간"THE SODOH"로 거듭났습니다. 사랑하는 그이, 아니면 마음 놓을 수 있는 벗이랑 최고의 풍광을 한 눈에 하시면서 고장 소재를 살린 본격적인 파스타, 와인을 즐기십시오. 그리고 담배 연기가 잘 어울리는 바 스페이스도 있습니다. 여기는 언제까지나 변치 않는 옛 서울. 교토의 새 역사를 당신과 함께.

È la casa-atelier che Seiho Takeuchi, un maestro di pittura giapponese, creò nei suoi ultimi anni di vita, nel 1929, concentrando in questo progetto tutte le sue energie ed il suo eccezionale talento. Il santuario da sempre inaccessibile è rinato nel 2003 come "THE SODOH", un accogliente ed elegante locale. Qui gusterete la vera cucina italiana, le selezionate verdure tipiche di Kyoto, le migliori varietà di vini, con il vostro partner, gli amici, immergendovi in una atmosfera unica ammirando un panorama meraviglioso. Nel Lounge Bar potrete anche assaporare i nostri migliori sigari. Il passato non ha cambiato i nostri luoghi. Assieme vedremo il futuro della nuova Kyoto.

東山艸堂。
这是 1929 年日本的画坛巨匠竹内栖凤在晚年倾注了全部才能建造的画室兼住宅。
任何人都没有接触过的这一圣殿,在 2003 年变成了成人的解放区「THE SODOH」。
请您和心爱的人一起,和亲密无间的朋友一起,一边欣赏最美的景色,
一边品尝使用精选的京野菜烹饪出来的、有特色的正宗意大利菜和精选的美酒。
此外,在酒吧柜台还备有雪茄。唯有这里,正是古都原貌。新的历史,
将与热爱京都的您同在。

東山艸堂 (ひがしやまそうどう)
1929年、日本画壇の巨匠、竹内栖鳳 (たけうちせいほう) が晩年、すべての才能を注ぎ込みつくりあげた、画室兼、居宅。誰にも触れられなかったこのサンクチュアリが、2003年、大人のための解放区、「THE SODOH」として生まれ変わりました。最愛の人と、気の置けない仲間と、最高の晩景を愛でながら、こだわりの京野菜を使った自慢の本格イタリアン、厳選のワインをお楽しみください。また、バースペースにはシガーもご用意しております。
ここだけは変わらぬ古都のまま。
新しい歴史を、京都を愛するあなたとともに。。。

1

1. *イタリア料理* 東山・京都／Italian cuisine　Higashiyama Kyoto

銀座的 和食、十美酒。

比内鶏
特上まぐろ
みちのく桃豚

Sin.
Modern Japanese Dishes
Open! | Closed

1~3. **日本料理**　銀座・東京／Japanese cuisine　Ginza Tokyo

1. 中華料理　東塩小路町・京都／Chinese cuisine　Higashisiokojicho Kyoto　2. ラーメン　梅田・大阪／Ramen noodles　Umeda Osaka
3. ラーメン　八重洲・東京／Ramen noodles　Yaesu Tokyo

1. 居酒屋　銀座・東京／**Japanese pub**　Ginza Tokyo
2. **日本料理**　神田・東京／**Japanese cuisine**　Kanda Tokyo　3. **日本料理**　新橋・東京／**Japanese cuisine**　Shinbashi Tokyo

1. ラーメン　原宿・東京／Ramen noodles　Harajuku Tokyo
2. 中華料理　銀座・東京／Chinese cuisine　Ginza Tokyo　3. 焼き鳥　新橋・東京／Japanese（Yakitori）　Shinbashi Tokyo
4. ラーメン　新橋・東京／Ramen noodles　Shinbashi Tokyo

1. 中華料理　銀座・東京／Chinese cuisine　Ginza Tokyo
2. おにぎり・みそ汁　銀座・東京／Rice ball, Miso soup　Ginza Tokyn　3. 日本料理　銀座・東京／Japanese cuisine　Ginza Tokyo
4. 居酒屋　横浜・神奈川／Japanese pub　Yokohama Kanagawa

1. **日本料理**　品川・東京／Japanese cuisine　Shinagawa Tokyo　2. 3. **居酒屋**　神戸・兵庫／Japanese pub　Kobe Hyogo

1. **日本料理**　三条・京都／**Japanese cuisine**　Sanjo Kyoto　2. **寿司**　神戸・兵庫／**Sushi**　Kobe Hyogo
3. **居酒屋**　梅田・大阪／**Japanese pub**　Umeda Osaka

1～3. ラーメン　海老名・神奈川／Ramen noodles　Ebina Kanagawa

1. **韓国料理**　新橋・東京／**Korean cuisine**　Shinbashi Tokyo　2. **居酒屋**　三条・京都／**Japanese pub**　Sanjo Kyoto
3. **エスニック料理**　渋谷・東京／**Ethnical cuisine**　Shibuya Tokyo

1. **レストラン・カフェ**　南船場・大阪／**Restaurant, Cafe**　Minamisenba Osaka

1~3. 和食　道頓堀・大阪／Japanese food　Dotonbori Osaka

1. レストラン　河原町・京都／Resteurant　Kawaramachi Kyoto　2. お好み焼き　鎌倉・神奈川／Japanese（Okonomiyaki）　Kamakura Kanagawa
3. カフェ　鎌倉・神奈川／Cafe　Kamakura Kanagawa

1. カフェ　鎌倉・神奈川／Cafe　Kamakura Kanagawa　2. カフェ　鎌倉・神奈川／Cafe　Kamakura Kanagawa

1. ラーメン　横浜・神奈川／**Ramen noodles**　Yokohama Kanagawa　2. パブ　新橋・東京／**Pub**　Shinbashi Tokyo

1. **カレー** 銀座・東京／**Curry** Ginza Tokyo　2. **カレー** 南船場・大阪／**Curry** Minamisenba Osaka

1 2
3 4

1. カフェ　鎌倉・神奈川／Cafe　Kamakura Kanagawa
2. レストラン　横浜・神奈川／Restaurant　Yokohama Kanagawa　3. カフェ　横浜・神奈川／Cafe　Yokohama Kanagawa
4. カフェ　鎌倉・神奈川／Cafe　Kamakura Kanagawa

1. **カフェ** 銀座・東京／**Cafe** Ginza Tokyo　2. **イタリア料理** 鎌倉・神奈川／**Italian cuisine** Kamakura Kanagawa

1. スープ・軽食　横浜・神奈川／**Soup, Cafe**　Yokohama Kanagawa　2. 居酒屋　新宿・東京／**Japanese pub**　Shinjuku Tokyo
3. カフェ　南船場・大阪／**Cafe**　Minamisenba Osaka

1. カフェ　河原町・京都／Cafe　Kawaramachi Kyoto　2. レストラン　四条・京都／Restaurant　Shijo Kyoto
3. バー　銀座・東京／Bar　Ginza Tokyo

1. **カフェ** 銀座・東京／**Cafe** Ginza Tokyo

1. **和食**　銀座・東京／**Japanese food**　Ginza Tokyo　2. **居酒屋**　渋谷・東京／**Japanese pub**　Shibuya Tokyo
3. **アジア料理**　藤沢・神奈川／**Asian cuisine**　Fujisawa Kanagawa

1～3. **フランス料理** 南船場・大阪／**French cuisine** Minamisenba Osaka

1. 居酒屋　茶屋町・大阪／Japanese pub　Chayamachi Osaka

1. **日本料理**　祇園・京都／**Japanese cuisine**　Gion Kyoto　2. **日本料理**　銀座・東京／**Japanese cuisine**　Ginza Tokyo
3. **日本料理**　祇園・京都／**Japanese cuisine**　Gion Kyoto

1. **日本料理** 茶屋町・大阪／Japanese cuisine Chayamachi Osaka

1. 2. **レストラン街** 銀座・東京／**Restaurants** Ginza Tokyo

製造・販売
# Manufacturing / Retail

1. 仮設塀（婦人服他）　原宿・東京／Temporay fence（Womenswear, Other）　Harajuku Tokyo

1. 婦人服他　原宿・東京／Womenswear, Other　Harajuku Tokyo　2. 婦人服他　心斎橋・大阪／Womenswear, Other　Shinsaibashi Osaka

1. 婦人服他　原宿・東京／Womenswear, Other　Harajuku Tokyo　2. 婦人服他　横浜・神奈川／Womenswear, Other　Yokohama Kanagawa

1. 宝飾品　銀座・東京／**Jewelry**　Ginza Tokyo　2. 婦人服他　銀座・東京／**Womenswear, Other**　Ginza Tokyo
3. 婦人小物　銀座・東京／**Women's accessories**　Ginza Tokyo

1. 時計　原宿・東京／Clocks & Watches　Harajuku Tokyo　2. 婦人小物　梅田・大阪／Women's accessories　Umeda Osaka
3. 紳士服他　銀座・東京／Menswear, Other　Ginza Tokyo

1. 仮設塀（時計）　銀座・東京／Temporary fence（Clocks & Watches）　Ginza Tokyo
2. 仮設塀（宝飾品）　銀座・東京／Temporary fence（Jewelry）　Ginza Tokyo
3. 婦人服他　横浜・神奈川／Womenswear, Other　Yokohama Kanagawa

1. 仮設塀（婦人小物）　銀座・東京／Temporary fence（Women's accessories）　Ginza Tokyo

1. 婦人服他　銀座・東京／Womenswear, Other　Ginza Tokyo　2. 紳士小物　原宿・東京／Mens accessories　Harajuku Tokyo

1. 宝飾品　銀座・東京／Jewelry　Ginza Tokyo
2. 婦人小物　銀座・東京／Women's accessories　Ginza Tokyo　3. 婦人服他　青山・東京／Womenswear, Other　Aoyama Tokyo
4. 婦人小物　銀座・東京／Women's accessories　Ginza Tokyo

1. 婦人小物　梅田・大阪／Women's accessories　Umeda Osaka

1. 婦人小物　梅田・大阪／Women's accessories　Umeda Osaka　2. 婦人小物　銀座・東京／Women's accessories　Ginza Tokyo

1. 婦人服他　青山・東京／Womenswear, Other　Aoyama Tokyo　2. 婦人服他　銀座・東京／Womenswear, Other　Ginza Tokyo

1. 婦人服他　銀座・東京／Womenswear, Other　Ginza Tokyo

1. 婦人・紳士小物　南船場・大阪／**Ladies & Mens accessory**　Minamisenba Osaka

1. 婦人・紳士小物　銀座・東京／Women's & Mens accessories　Ginza Tokyo　2. 婦人服他　六本木・東京／Womenswear, Other　Roppongi Tokyo

1. ガラス小物　東山・京都／Glass accessories　Higashiyama Kyoto　2. 婦人小物　青山・東京／Women's accessories　Aoyama Tokyo
3. 扇子　嵐山・京都／Folding fans　Arashiyama Kyoto

1. **扇子** 嵐山・京都／**Folding fans** Arashiyama Kyoto　2. **ウェディングドレス** 四条・京都／**Wedding dresses** Shijo Kyoto

1. 生活雑貨　横浜・神奈川／**Lifestyle products**　Yokohama Kanagawa　2. 婦人靴　横浜・神奈川／**Women's shoes**　Yokohama Kanagawa
3. 婦人靴　原宿・東京／**Women's shoes**　Harajuku Tokyo

1. チョコレート　青山・東京／Chocolate　Aoyama Tokyo　2. チョコレート　横浜・神奈川／Chocolate　Yokohama Kanagawa
3. 宝飾品　横浜・神奈川／Jewelry　Yokohama Kanagawa

1. 婦人服他　原宿・東京／Womenswear, Other　Harajuku Tokyo　2. 婦人服他　横浜・神奈川／Womenswear, Other　Yokohama Kanagawa
3. 婦人服他　新宿・東京／Womenswear, Other　Shinjuku Tokyo

1. 婦人小物　原宿・東京／Women's accessories　Harajuku Tokyo

1. 紳士服他　代官山・東京／Menswear, Other　Daikanyama Tokyo　2. 眼鏡　四条・京都／Eyeglasses　Shijo Kyoto
3. アウトドア用品　町田・東京／Outdoor goods　Machida Tokyo

1 2

3 4

1. 婦人服他　烏丸・京都／**Womenswear, Other**　Karasuma Kyoto
2. 小物　原宿・東京／**Accessories**　Harajuku Tokyo　3. 靴　青山・東京／**Shoes**　Aoyama Tokyo
4. 生活雑貨　原宿・東京／**Lifestyle products**　Harajuku Tokyo

1. 宝飾品　原宿・東京／**Jewelry**　Harajuku Tokyo
2. 眼鏡　銀座・東京／**Eyeglasses**　Ginza Tokyo　3. 雑貨　梅田・大阪／**Novelties**　Umeda Osaka
4. 雑貨　鎌倉・神奈川／**Novelties**　Kamakura Kanagawa

1. 時計　原宿・東京／Clocks & Watches　Harajuku Tokyo　2. 陶磁器　銀座・東京／Ceramics　Ginza Tokyo
3. 婦人服他　心斎橋・大阪／Womenswear, Other　Shinsaibashi Osaka

# SHISEIDO

## Cosmetic Garden C

1. 化粧品　原宿・東京／Cosmetics　Harajuku Tokyo　2. ベッド　心斎橋・大阪／Beds　Shinsaibashi Osaka
3. 洋菓子　横浜・神奈川／Patisserie　Yokohama Kanagawa

1. 化粧品　原宿・東京／Cosmetics　Harajuku Tokyo　2. 婦人服他　銀座・東京／Womenswear, Other　Ginza Tokyo

1. 婦人服他　原宿・東京／Womenswear, Other　Harajuku Tokyo

1. 飲料水　新宿・東京／Drinking water　Shinjuku Tokyo　2. 靴下　河原町・京都／Socks　Kawaramachi Kyoto

1. 婦人服他　渋谷・東京／Womenswear, Other　Shibuya Tokyo　2. 時計　神戸・兵庫／Watches　Kobe Hyogo

1. 生活用品　秋葉原・東京／Lifestyle products　Akihabara Tokyo　2. 家電製品　秋葉原・東京／Home appliances　Akihabara Tokyo

1. 2. 漫画　秋葉原・東京／**Manga**　Akihabara Tokyo　3. 家電製品　秋葉原・東京／**Home appliances**　Akihabara Tokyo

1.雑貨　銀座・東京／Novelties　Ginza Tokyo　2.ベビー用品　代官山・東京／Baby goods　DaikanyamaTokyo

1〜3. 薬・日用品　京橋・東京／Pharmacy　Kyobashi Tokyo

1. アンティーク雑貨　原宿・東京／**Antiques**　Harajuku Tokyo

1. 2. 眼鏡 横浜・神奈川／Eyeglasses Yokohama Kanagawa  3. 眼鏡 原宿・東京／Eyeglasses Harajuku Tokyo

1. アンティーク家具　横浜・神奈川／Antique furniture　Yokohama Kanagawa

1〜3. アンティーク家具 横浜・神奈川／Antique furniture Yokohama Kanagawa

Every Life, Every Fun

We hope that the goods and services we provide
will make your day a better and brighter one.
More than just convenience.
Let's go to Famima !!

# Every Life, Every Fun

I want to eat something nice.
I want something tasteful.
I want to spend a relaxing time.
Your everyday wouldn't be complete without it.

We're in the business of selling fun - helping you to enjoy yourself.

We hope that the goods and services
we provide will make your day a better and brighter one.

More than just convenience.
Let's go to Famima !!

Making your day brighter.
A new form of convenience store - Famima !!

1. 2. コンビニエンスストア　汐留・東京／Convenience store　Shiodome Tokyo

1〜3. 紳士服他（オフィス総合ビル）　南船場・大阪／Menswear, Other（Office building）　Minamisenba Osaka

1. 紳士服他　原宿・東京／Menswear, Othes　Harajuku Tokyo　2. ミュージアムグッズ　銀座・東京／Museum products　Ginza Tokyo
3. 香油　銀座・東京／Aromatic oils　Ginza Tokyo

1. 宝飾品　銀座・東京／Jewelry　Ginza Tokyo　2. 文房具　京橋・東京／Stationery　Kyobashi Tokyo
3. 文房具　銀座・東京／Otationery　Ginza Tokyo

1
2

CHANEL
Dior
LANCÔME

BVLGARI
GUCCI
GUERLAIN

COSME CLUB
cosmetics & perfume

COSME CLUB

COSME CLUB

COMME CA STORE

Life Style Assortment Mega Store
COMME CA STORE

1. 化粧品　横浜・神奈川／Cosmetics　Yokohama Kanagawa　2. 婦人・紳士服他　町田・東京／Women's & Menswear, Others　Machida Tokyo

1. 婦人服他　河原町・京都／**Womenswear, Other**　Kawaramachi Kyoto　2. 子供服　横浜・神奈川／**Childrens wear**　Yokohama Kanagawa

1. 婦人・紳士服他　横浜・神奈川／Women's & Menswear, Others　Yokohama Kanagawa　2. 婦人小物　原宿・東京／Women's accessories　Harajuku Tokyo
3. スポーツ用品　横浜・神奈川／Sporting goods　Yokohama Kanagawa

1. 雑貨　鎌倉・神奈川／**Novelties**　Kamakura Kanagawa　2. 3. 古着　原宿・東京／**Old clothing**　Harajuku Tokyo

1. 紳士服他　八重洲・東京／Menswear, Other　Yaesu Tokyo　2. 紳士服他　新宿・東京／Menswear, Other　Shinjuku Tokyo

1. 紳士服他　銀座・東京／Menswear, Other　Ginza Tokyo

1. 2. 婦人・紳士服他　横浜・神奈川／Women's & Menswear, Others　Yokohama Kanagawa

1. 2. 婦人・紳士服他　横浜・神奈川／Women's & Menswear, Others　Yokohama Kanagawa
3. 婦人・紳士服他　原宿・東京／Women's & Menswear, Others　Harajuku Tokyo

1. 婦人・紳士服他　青山・東京／Women's & Menswear, Others　Aoyama Tokyo　2. 靴　原宿・東京／Shoes　Harajuku Tokyo
3. 洋菓子　原宿・東京／Patisserie　Harajuku Tokyo

1. 婦人服他　渋谷・東京／Womenswear, Other　Shibuya Tokyo　2. 婦人服他　原宿・東京／Womenswear, Other　Harajuku Tokyo
3. 婦人服他　原宿・東京／Womenswear, Other　Harajuku Tokyo

1. ジーンズ　原宿・東京／Jeans　Harajuku Tokyo　2. 婦人服他　原宿・東京／Womenswear, Other　Harajuku Tokyo

1. 婦人・紳士服他　南船場・大阪／Women's & Menswear, Others　Minamisonba Osaka
2. 婦人・紳士服他　青山・東京／Women's & Menswear, Others　Aoyama Tokyo

1. 婦人・紳士服他　渋谷・東京／Women's & Menswear, Others　Shibuya Tokyo
2. 3. 婦人・紳士服他　横浜・神奈川／Women's & Menswear, Others　Yokohama Kanagawa

1. 婦人服他　梅田・大阪／Womenswear, Other　Umeda Osaka　2. 婦人服他　南船場・大阪／Womenswear, Other　Minamisenba Osaka
3. ジーンズ　南船場・大阪／Jeans　Minamisenba Osaka

1. 紳士服他　代官山・東京／Menswear, Other　Daikanyama Tokyo　2. 婦人・紳士服他　代官山・東京／Women's & Menswear, Others　Daikanyama Tokyo
3. 婦人服他　梅田・大阪／Womenswear, Other　Umeda Osaka

1. 婦人服他　六本木・東京／Womenswear, Other　Roppongi Tokyo　2. 婦人服他　六本木・東京／Womenswear, Other　Roppongi Tokyo

1. 婦人・紳士服他　六本木・東京／Women's & Menswear, Others　Roppongi Tokyo
2. 婦人服他　六本木・東京／Womenswear, Other　Roppongi Tokyo

1. 紳士服他　銀座・東京／Menswear, Other　Ginza Tokyo　2. 婦人小物　銀座・東京／Women's accessories　Ginza Tokyo
3. 婦人服他　銀座・東京／Womenswear, Other　Ginza Tokyo

1. ジーンズ　恵比寿・東京／Jeans　Ebisu Tokyo　2. 婦人服他　銀座・東京／Womenswear, Other　Ginza Tokyo
3. 婦人服他　銀座・東京／Womenswear, Other　Ginza Tokyo

1. 婦人・紳士服他　神戸・兵庫／Women's & Menswear, Others　Kobe Hyogo

1. 紳士服他　三条・京都／**Menswear, Other**　Sanjo Kyoto　**2.** 紳士服他　心斎橋・大阪／**Menswear, Other**　Shinsaibashi Osaka
**3. 4.** 時計　南船場・大阪／**Clocks & Watches**　Minamisenba Osaka

1. 宝飾品　南船場・大阪／**Jewelry**　Minamisenba Osaka　2. 婦人服他　南船場・大阪／**Womenswear, Other**　Minamisenba Osaka
3. 家具　心斎橋・大阪／**Furniture**　Shinsaibashi Osaka

1. 婦人・紳士服他　心斎橋・大阪／Women's & Menswear, Others　Shinsaibashi Osaka
2. 日用品・雑貨　神戸・兵庫／Lifestyle products, Novelties　Kobe Hyogo
3. 家電製品　心斎橋・大阪／Home appliances　Shinsaibashi Osaka

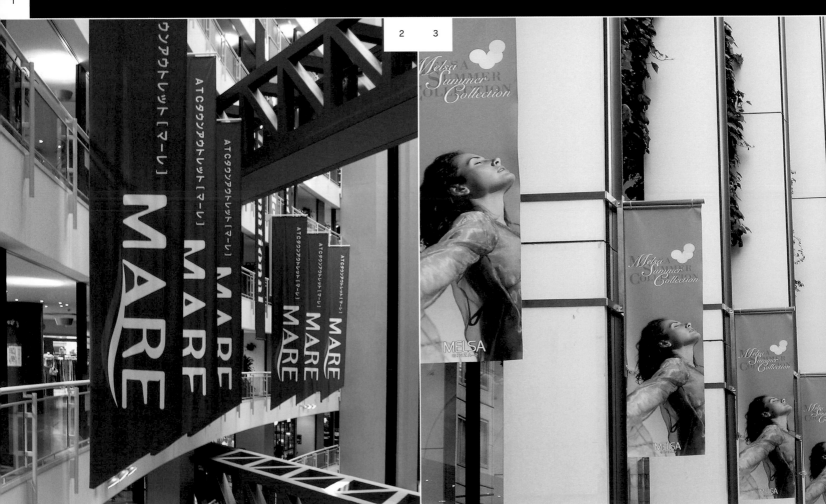

1.2. アウトレット　南港・大阪／Outlets　Nanko Osaka　3. 婦人服他　銀座・東京／Womenswear, Other　Ginza Tokyo

1. 日用品・雑貨　河原町・京都／Lifestyle products, Novelties　Kawaramachi Kyoto　2. 家具・インテリア　三条・京都／Home furnishings　Sanjo Kyoto
3. パン　南港・大阪／Bakery　Nanko Osaka

1. パン　神戸・兵庫／**Bakery**　Kobe Hyogo　2. 箸　青山・東京／**Chopsticks**　Aoyama Tokyo
3. 紅茶　横浜・神奈川／**Tea**　Yokohama Kanagawa

1. 紅茶　銀座・東京／Tea　Ginza Tokyo

1. 花　横浜・神奈川／**Flowers**　Yokohama Kanagawa　2. 婦人服他　三条・京都／**Womenswear, Other**　Sanjo Kyoto
3. 洋菓子　恵比寿・東京／**Patisserie**　Ebisu Tokyo

1〜3. ペット用品　横浜・神奈川／Pet products　Yokohama Kanagawa

1. 宝飾品　横浜・神奈川／Jewelry　Yokohama Kanagawa
2. キャラクターグッズ　藤沢・神奈川／Character novelties　Fujisawa Kanagawa　3. 玩具　原宿・東京／Toys　Harajuku Tokyo
4. 玩具　原宿・東京／Toys　Harajuku Tokyo

1. 2. キャラクターグッズ　梅田・大阪／Character novelties　Umeda Osaka

1. **家電製品**　新宿・東京／**Home appliances**　Shinjuku Tokyo　2. **携帯電話**　渋谷・東京／**Mobile phone**　Shibuya Tokyo
3. **音楽メディア**　新宿・東京／**Audio**　Shinjuku Tokyo

1. クレープ　原宿　東京／**Crepes**　Harajuku Tokyo　2. 音楽メディア　渋谷・東京／**Audio**　Shibuya Tokyo

1. カジュアルウェア　河原町・京都／Casual wear　Kawaramachi Kyoto　2. カジュアルウェア　心斎橋・大阪／Casual wear　Shinsaibashi Osaka
3. カジュアルウェア　心斎橋・大阪／Casual wear　Shinsaibashi Osaka

1 2
3 4

1. カジュアルウェア　心斎橋・大阪／Casual wear　Shinsaibashi Osaka
2. 婦人服他　梅田・大阪／Womenswear, Other　Umeda Osaka　3. カジュアルウェア　神戸・兵庫／Casual wear　Kobe Hyogo
4. カジュアルウェア　原宿・東京／Casual wear　Harajuku Tokyo

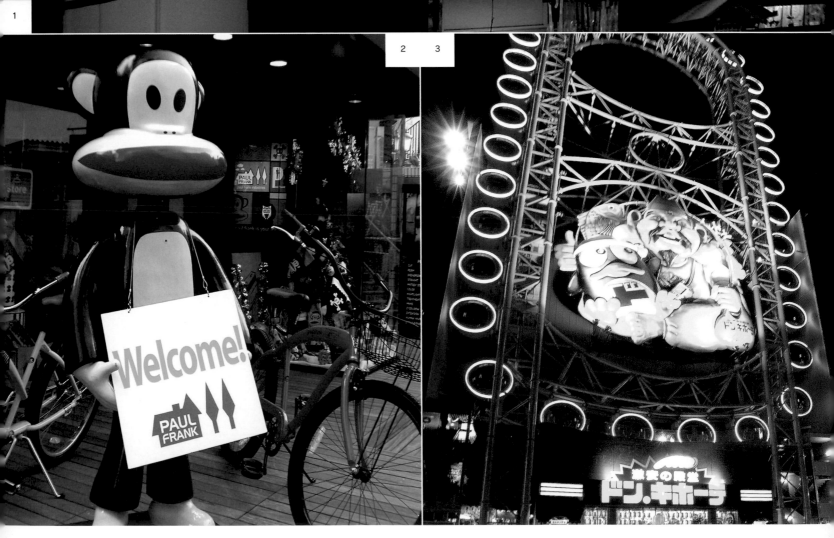

1. みやげもの　鎌倉・神奈川／Souvenirs　Kamakura Kanagawa　2. キャラクターグッズ　原宿・東京／Character novelties　Harajuku Tokyo
3. 日用品　道頓堀・大阪／Lifestyle products　Dotonbori Osaka

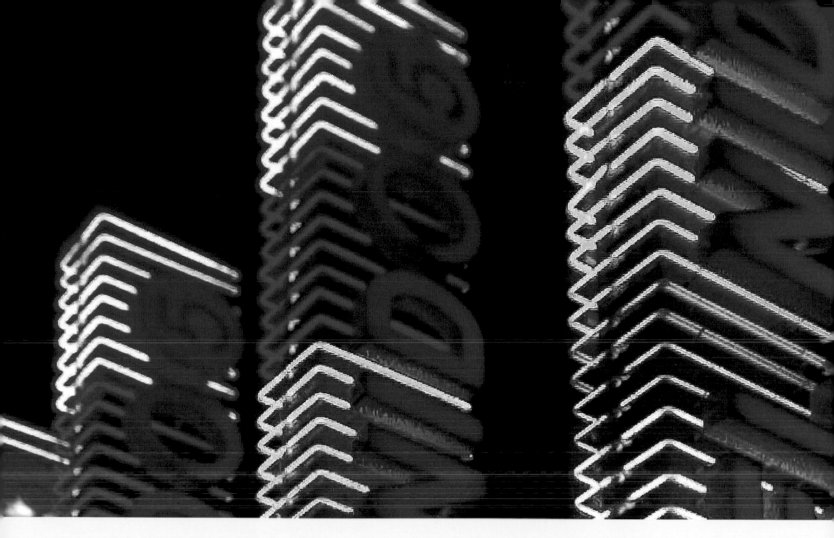

サービス・その他
Services / Others

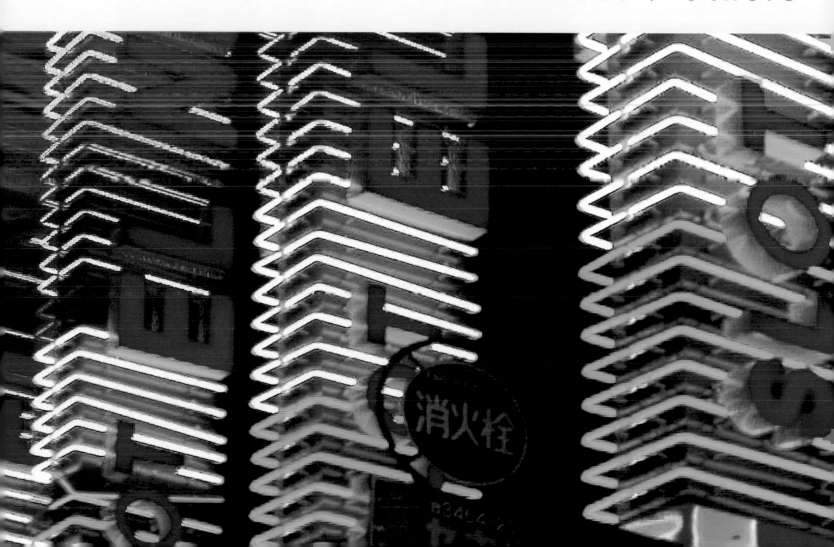

1

1. 複合商業施設（化粧品会社オフィス）　汐留・東京／Commercial complex（Cosmetic company）　Shiodome Tokyo

1, 2. 複合商業施設　汐留・東京／Commercial complex　Shiodome Tokyo　3 放送局　汐留・東京／Broadcasting station　Shiodome Tokyo

1. 2. 複合商業施設（ショウルーム案内）　汐留・東京／Commercial complex (Showroom guide)　Shiodome Tokyo
3. 複合商業施設（場外馬券場案内）　汐留・東京／Commercial complex (Off-track betting)　Shiodome Tokyo

1. 2. 百貨店　新宿・東京／Department store　Shinjuku Tokyo　3. 百貨店　渋谷・東京／Department store　Shibuya Tokyo

1. 複合商業施設　渋谷・東京／Commercial complex　Shibuya Tokyo

1.百貨店　町田・東京／Department store　Machida Tokyo　2.喫煙所　秋葉原・東京／Smoking place　Akihabara Tokyo

1. オフィスビル（インテリア販売）　青山・東京／**Office building（Home furnishinng）**　Aoyama Tokyo
2. ギャラリー　鎌倉・神奈川／**Gallery**　Kamakura Kanagawa
3. ショウルーム　青山・東京／**Showroom**　Aoyama Tokyo

1　2

3

MENU

1. 美容室　原宿・東京／Beauty salon　Harajuku Tokyo　2. 美容室　青山・東京／Beauty salon　Aoyama Tokyo
3. 美容室　青山・東京／Beauty salon　Aoyama Tokyo

1. **美容室**　相模大野・神奈川／**Beauty salon**　Sagamiohno Kanagawa　2. **美容室**　相模大野・神奈川／**Beauty salon**　Sagamiohno Kanagawa

1. 美容室　相模大野・神奈川／Beauty salon　Sagamiohno Kanagawa　2. 音楽プロモーション　銀座・東京／Music promotion　Ginza Tokyo

|   |   |
|---|---|
| 1 | 2 |
| 3 | 4 |

1. 百貨店　新宿・東京／Department store　Shinjuku Tokyo
2. スポーツイベント　渋谷・東京／Sports event　Shibuya Tokyo　3. 商業施設　青山・東京／Commercial facility　Aoyama Tokyo
4. 音楽専門学校　渋谷・東京／Music school　Shibuya Tokyo

1. 放送局　原宿・東京／Broadcasting station　Harajuku Tokyo
2. 複合商業施設　海老名・神奈川／Commercial complex　Ebina Kanagawa　3. ギャラリー　銀座・東京／Gallery　Ginza Tokyo
4. 複合商業施設　横浜・神奈川／Commercial complex　Yokohama Kanagawa

1. 音楽プロモーション　渋谷・東京／Music promotion　Shibuya Tokyo　2. 美術館・展覧会　鎌倉・神奈川／Museum, Exhibition　Kamakura Kanagawa
3. 音楽プロモーション　渋谷・東京／Music promotion　Shibuya Tokyo

1. 複合商業施設　原宿・東京／Commercial complex　Harajuku Tokyo

1. ホテル　神戸・兵庫／**Hotels**　Kobe Hyogo
2. 仮設塀（フードテーマパーク）　横浜・神奈川／**Temporary fence（Restaurant complex）**　Yokohama Kanagawa

1. **百貨店** 海老名 神奈川／**Department store** Ebina Kanagawa  2. **駐車場** 神戸・兵庫／**Parking lot** Kobe Hyogo

1. 2. **百貨店**　新宿・東京／**Department store**　Shinjuku Tokyo

|   |   |
|---|---|
| 1 | 2 |
| 3 | 4 |

1. 複合商業施設　六本木・東京／Commercial complex　Roppongi Tokyo
2. 複合商業施設（ギャラリー）　六本木・東京／Commorcial complex (Gallery)　Roppongi Tokyo
3. 4. ホテル　六本木・東京／Hotel　Roppongi Tokyu

1. パチンコ　河原町・京都／**Pachinko parlor**　Kawaramachi Kyoto
2. ショウルーム　銀座・東京／**Showroom**　Ginza Tokyo　3. 美容室　藤沢・神奈川／**Beauty salon**　Fujisawa Kanagawa
4. 美容室　神戸・兵庫／**Beauty salon**　Kobe Hyogo

1　2

3　4

1. 複合商業施設　西麻布・東京／Commercial complex　Nishiazabu Tokyo　2. ギャラリー　銀座　東京／Gallery　Ginza Tokyo
3. 4. ギャラリー　日本橋・東京／Gallery　Nihonbashi Tokyo

1. **複合商業施設**　横浜・神奈川／**Commercial complex**　Yokohama Kanagawa

1. ゲームセンター　横浜・神奈川／Game center　Yokohama Kanagawa
2. 複合商業施設　町田・東京／Commercial complex　Machida Tokyo　3. ゲームセンター　横浜・神奈川／Game center　Yokohama Kanagawa
4. パチンコ　藤沢・神奈川／Pachinko parlor　Fujisawa Kanagawa

1～3. 漫画喫茶　河原町・京都／**Manga cafe**　Kawaramachi Kyoto

1. **ホテル**　道頓堀・大阪／**Hotel**　Dotonbori Osaka　　2. **商店街**　道頓堀・大阪／**Shopping mall**　Dotonbori Usaka

1．複合商業施設　梅田・大阪／Commercial complex　Umeda Osaka
2．ショウルーム（オフィス機器）　南船場・大阪／Showroom (Office equipment)　Minamisenba Osaka
3．美容室（集合サイン）　心斎橋・大阪／Beauty salon (Collective sign)　Shinsaibashi Osaka

1. 音楽プロモーション　原宿・東京／Music promotion　Harajuku Tokyo　2. ネイルサロン　心斎橋・大阪／Nail slon　Shinsaibashi Osaka
3. 仮設塀（携帯電話広告）　原宿・東京／Temporary fence（Mobile phone advertising）　Harajuku Tokyo

1

1．複合商業施設　原宿　東京／Commercial complex　Harajuku Tokyo

1～3. 複合商業施設　横浜・神奈川／Commercial complex　Yokohama Kanagawa

1〜3. 仮設劇場　横浜・神奈川／Temporary theater　Yokohama Kanagawa

1. 鉄道会社広告　新宿・東京／Railway company Ad　Shinjuku Tokyo　2. 百貨店　横浜・神奈川／Department store　Yokohama Kanagawa

1. カラオケ　横浜・神奈川／**Karaoke room**　Yokohama Kanagawa　2. カラオケ　藤沢・神奈川／**Karaoke room**　Fujisawa Kanagawa
3. パチンコ　新宿・東京／**Pachinko parlor**　Shinjuku Tokyo

1. ゲームセンター　新宿・東京／Game center　Shinjuku Tokyo　2. ゲームセンター　横浜・神奈川／Game center　Yokohama Kanagawa
3. 複合商業施設　原宿・東京／Commercial complex　Harajuku Tokyo

1. ゲームセンター　横浜・神奈川／Game center　Yokohama Kanagawa　2. コインロッカー　恵比寿・東京／Coin locker　Ebisu Tokyo
3. 出力センター　町田・東京／Digital print center　Machida Tokyo

1~3. 商店街（ウォールペイント） 町田・東京／Shopping mall（Wall painting） Machida Tokyo

1. 2. **フードテーマパーク**　横浜・神奈川／**Restaurant complex**　Yokohama Kanagawa　3. **ゲームセンター**　町田・東京／**Game center**　Machida Tokyo

1. 2. 宝くじ売場　鎌倉・神奈川／Lottery　Kamakura Kanagawa　　3. ゲームセンター　渋谷・東京／Game center　Shibuya Tokyo

1. ゲームセンター　横浜・神奈川／Game center　Yokohama Kanagawa　2. カラオケ　渋谷・東京／Karaoke room　Shibuya Tokyo
3. 複合商業施設　渋谷・東京／Commercial complex　Shibuya Tokyo

1. 複合商業施設　渋谷・東京／Commercial complex　Shibuya Tokyo

1. ゲームセンター　相模大野・神奈川／Game center　Sagamiohono Kanagawa

1. ゲームセンター　渋谷・東京／Game center　Shibuya Tokyo　2. カラオケ　神戸・兵庫／Karaoke room　Kobe Hyogo
3. アミューズメント施設　渋谷・東京／Amusement facility　Shibuya Tokyo

|   |   |
|---|---|
| 1 | 2 |
| 3 | 4 |

1. **ショークラブ**　横浜・神奈川／**Show club**　Yokohama Kanagawa
2. **複合商業施設**　新宿・東京／**Commercial complex**　Shinjuku Tokyo　3. **ライブハウス**　渋谷・東京／**Club**　Shibuya Tokyo
4. **ライブハウス**　渋谷・東京／**Club**　Shibuya Tokyo

1. ゲームセンター　藤沢・神奈川／Game center　Fujisawa Kanagawa　2. ゲームセンター　町田・東京／Game center　Machida Tokyo

1. **パチンコ** 道頓堀・大阪／**Pachinko parlor** Dotonbori Osaka

1. 複合商業施設　横浜・神奈川／Commercial complex　Yokohama Kanagawa
2. ゲームセンター　新宿・東京／Game center　Shinjuku Tokyo　3. 商店街　原宿・東京／Shopping mall　Harajuku Tokyo
4. ボウリング場　新宿・東京／Bowling alley　Shinjuku Tokyo

1. 複合商業施設　梅田・大阪／Commercial complex　Umeda Osaka

1. 2. 複合商業施設　梅田・大阪／Commercial complex　Umeda Osaka　3. アミューズメント施設　横浜・神奈川／Amusement facility　Yokohama Kanagawa

1. ボウリング場　横浜・神奈川／Bowling alley　Yokohama Kanagawa　2. ボウリング場　横浜・神奈川／Bowling alley　Yokohama Kanagawa
3. 美容室　横浜・神奈川／Beauty salon　Yokohama Kanagawa

1. ゲームセンター　横浜・神奈川／Game center　Yokohama Kanagawa　2. 複合商業施設　銀座・東京／Commercial complex　Ginza Tokyo
3. 野球場　横浜・神奈川／Baseball park　Yokohama Kanagawa

1 2
3 4

1. **百貨店** 新宿・東京／Department store　Shinjuku Tokyo
2. **ボウリング** 町田・東京／Bowling alley　Machida Tokyo　3. **複合商業施設** 渋谷・東京／Commercial complex　Shibuya Tokyo
4. **オフィスビル** 銀座・東京／Office building　Ginza Tokyo

1. オフィスビル（塗料製造・販売）　京橋・東京／Office building（Paint manufacture and sales）　Kyobashi Tokyo
2. オフィスビル（衛生機器製造・販売）　京橋・東京／Office building（Bath fixture manufacture and sales）　Kyobashi Tokyo
3. オフィスビル（家電製造・販売）　秋葉原・東京／Office building（Appliance manufacture and sales）　Akihabara Tokyo
4. アミューズメント施設　秋葉原・東京／Amusement facility　Akihabara Tokyo

1. 仮設塀（マンション）　鶴野町・大阪／Temporary fence（Apartment building）　Tsurunocho Osaka
2. 犬の美容室　横浜・神奈川／Dog salon　Yokohama Kanagawa
3. 複合商業施設　横浜・神奈川／Commercial complex　Yokohama Kanagawa

1. 2. 複合商業施設　梅田・大阪／Commercial complex　Umeda Osaka　3. 多目的ホール　南港・大阪／Multipurpose hall　Nanko Osaka

1. **複合商業施設** 梅田・大阪／**Commercial complex** Umeda Osaka

1. 2. 複合商業施設　梅田・大阪／Commercial complex　Umeda Osaka　3. 放送局　茶屋町・大阪／Broadcasting station　Chayamachi Osaka

1. 放送局　茶屋町・大阪／Broadcasting station　Chayamachi Osaka　2. 複合商業施設　梅田・大阪／Commercial complex　Umeda Osaka

12 仮設塀　南船場・大阪／Temporary fence　Minamisenba Osaka

1. 多目的ホール　南港・大阪／Multipurpose hall　Nanko Osaka　2. フードテーマパーク　南港・大阪／Restaurant complex　Nanko Osaka

1. 2. フードテーマパーク　南港・大阪／Restaurant complex　Nanko Osaka
3. 多目的ホール（イベント）　南港・大阪／Multipurpose hall（Events）　Nanko Osaka
4. パチンコ　町田・東京／Pachinko parlor　Machida Tokyo

1.2. 地下道　梅田・大阪／Underground passage　Umeda Osaka

1. 2. 地下道　梅田・大阪／Underground passage　Umeda Osaka

1. ホテル　神戸・兵庫／Hotel　Kobe Hyogo　2. ギャラリー　神戸・兵庫／Gallery　Kobe Hyogo
3. 映画館　河原町・京都／Theater　Kawaramachi Kyoto

空港バス・高速バスのりば
（ハービスOSAKA）
AIRPORT LIMOUSINE EXPRESSWAY BUS (HERBIS OSAKA)
공항버스・고속버스 정류장(하비스 오사카)　機場巴士・高速巴士（HERBIS大阪）

## ■ 空港バス
AIRPORT LIMOUSINE

**関西国際空港ゆき**
FOR KANSAI INT AIRPORT
간사이 국제공항 방면　前往關西國際機場

**大阪（伊丹）空港ゆき**
FOR OSAKA AIRPORT
오사카（이타미）공항 방면　前往大阪（伊丹）機場

## ■ 高速バス
EXPRESSWAY BUS

**東京（京成上野）・千葉**
**東京ディズニーリゾート** ゆき
FOR TOKYO (KEISEIUENO) CHIBA
TOKYO DISNEY RESORT

**大洲・宇和島・城辺** ゆき
FOR OZU UWAJIMA JOHEN

**浜田・益田・津和野** ゆき
FOR HAMADA MASUDA TSUWANO

**鳴門・徳島駅前** ゆき
FOR NARUTO TOKUSHIMA Sta.

手荷物のお取扱いについて
お客様各位

手荷物にご注意ください！
（手荷物は必ずお客様ご自身で管理してください。）
阪神電鉄バス

수화물 취급 안내

수화물에 주의해 주십시오!

案内標識
Informational Signage

1~3. 複合商業施設　品川・東京／Commercial complex　Shinagawa Tokyo

1. 複合商業施設　品川・東京／Commercial complex　Shinagawa Tokyo

1. 複合商業施設　六本木・東京／**Commercial complex**　Roppongi Tokyo

1.2. 複合商業施設　六本木・東京／Commercial complex　Roppongi Tokyo

1～3. 複合商業施設　六本木・東京／Commercial complex　Roppongi Tokyo

泉ガーデンレジデンス
IZUMI GARDEN RESIDENCE

泉ガーデンギャラリー
IZUMI GARDEN GALLERY

泉屋博古館 分館
SEN-OKU HAKUKO KAN

2F 泉ガーデンテラス
IZUMI GARDEN TERRACE
エスフォルタ 六本木　TRATTORIA ItaLia
いのこ家
猿地市場 松葉寿し／めぐみ 又こい家

ホテル
ヴィラフォンテーヌ六本木
Hotel Villa Fontaine Roppongi

泉ガーデンウイング
IZUMI GARDEN WING

地下鉄南北線
六本木一丁目駅
ROPPONGI 1-CHOME STATION

2F

泉ガーデンタワー
エントランスロビー
IZUMI GARDEN TOWER
ENTRANCE LOBBY

ホテル
ヴィラフォンテーヌ六本木
Hotel Villa Fontaine Roppongi

泉ガーデンウイング
IZUMI GARDEN WING

泉ガーデンレジデンス
IZUMI GARDEN RESIDENCE

泉ガーデンギャラリー
IZUMI GARDEN GALLERY

泉屋博古館 分館
SFN-OKU HAKUKO KAN

地下鉄南北線
六本木一丁目駅

4F

1　2
3　4

泉ガーデンギャラリー
IZUMI GARDEN GALLERY

泉屋博古館 分館
SEN-OKU HAKUKO KAN

泉ガーデンレジデンス
IZUMI GARDEN RESIDENCE

地下鉄南北線
六本木一丁目駅
ROPPONGI 1-CHOME STATION

泉ガーデンタワー
エントランスロビー
IZUMI GARDEN TOWER
ENTRANCE LOBBY

IZUMI GARDEN

1～4. 複合商業施設　六本木・東京／Commercial complex　Roppongi Tokyo

1. 複合商業施設　神戸・兵庫／Commercial complex　Kobe Hyogo

# INDEX

**最新　看板・サイン大全集**　URBAN SIGN DESIGN

撮影: 辻田 博／Photographer: Hiroshi Tsujita
デザイン: 阿部 かずお／Designer: Kazuo Abe
翻訳: パメラ・ミキ／Translator: Pamela Miki
編集: 斉藤 香／Editor: Kaori Saito

発行人: 三芳伸吾／Publisher: Shingo Miyoshi

2005年11月3日　初版第1刷発行

発行所　ピエ・ブックス
〒170-0005 東京都豊島区南大塚2-32-4
編集 Tel: 03-5395-4820　Fax: 03-5395-4821　editor@piebooks.com
営業 Tel: 03-5395-4811　Fax: 03-5395-4812　sales@piebooks.com
http://www.piebooks.com

印刷・製本　株式会社サンニチ印刷

© 2005 by PIE BOOKS／Hiroshi Tsujita

ISBN4-89444-481-X C3070

Printed in Japan

## TRAVEL & LEISURE GRAPHICS 2

トラベル & レジャー グラフィックス 2

Pages: 224 (Full Color)　¥15,000＋Tax

ホテル、旅館、観光地、交通機関からアミューズメント施設までのグラフィックス約350点を一挙掲載！！パンフレットを中心にポスター、DM、カードなど…現地へ行かなければ入手困難な作品も含め紹介。資料としてそろえておきたい1冊です！

A richly varied selection of 350 samples of travel and leisure guide graphics. The collection conveniently presents tour information, sightseeing guides, posters, promotional pamphlets from airline, railroad companies, hotels, inns, facilities, and more. Pick up this one-volume reference, and have it all at your fingertrips without having to leave your seat, let alone leave town!

## PAPER IN DESIGN

ペーパー イン デザイン

Pages: 192 (Full Color) + Special reference material (paper samples)　¥16,000＋Tax

DM、カタログをはじめ書籍の装丁、商品パッケージなど、紙素材を利用し個性的な効果を上げている数多くの作品をアイテムにこだわらず紹介。掲載作品で使われている紙見本も添付、紙のテクスチャーを実際に確かめることができる仕様です。

A special collection of graphic applications that exploit the role paper plays in design. This collection presents a wide range of applications—DM, catalogs, books, and product packaging, etc.—in which paper is used to achieve unique visual statements. Actual paper samples accompany each work to demonstrate their texture and tactile qualities.

## PICTOGRAM AND ICON GRAPHICS

ピクトグラム & アイコン グラフィックス

Pages: 200 (160 in Color)　¥13,000＋Tax

ミュージアムや空港の施設案内表示から雑誌やWEBサイトのアイコンまで、業種別に分類し、実用例とともに紹介しています。ピクトグラムの意味や使用用途などもあわせて紹介した、他に類をみないまさに永久保存版の1冊です。

The world's most outstanding pictograms and applications. From pictographs seen in museums, airports and other facility signage to icons used in magazines and on the web, the examples are shown isolated and in application with captions identifying their meanings and uses. Categorized by industry for easy reference, no other book of its kind is as comprehensive—it is indeed a permanent archives in one volume!

## BUSINESS PUBLICATION STYLE

PR誌企画&デザイン 年間ケーススタディ

Pages: 224 (Full Color)　¥15,000＋Tax

PR誌の年間企画スケジュールとビジュアル展開を1年分まとめて紹介します。特集はどういう内容で構成しているのか？エッセイの内容と執筆人は？など、創刊・リニューアル時の企画段階から役立つ待望の1冊です。

Year-long case studies of 40 critically selected PR magazines.What should the content of the feature stories composed ? What should the subject of the essays be and who should write them? This eagerly awaited collection promises to assist in the planning stages for the inauguration or renewal of business periodicals.

## NEW COMPANY BROCHURE DESIGN 2

ニュー カンパニー ブローシャー デザイン 2

Pages: 272 (Full Color)　¥15,000＋Tax

デザインの優れた案内カタログ約150点とWEB約50点を厳選。WEBサイトはカタログと連動した作品を中心に紹介しています。また各作品の企画・構成内容がわかるよう制作コンセプト・コンテンツのキャッチコピーを具体的に掲載しています。

A selection of over 150 superbly designed brochures and 50 corresponding websites. All works are accompanied by descriptions of their design objectives and catch copy, to provide added insight into their planning and compositional structures.

## SMALL PAMPHLET GRAPHICS

スモール パンフレット グラフィックス

Pages: 224 (Full Color)　¥14,000＋Tax

街や店頭で見かける様々な企業、ショップのパンフレットを衣 食 住 遊の業種別に紹介します。気軽に持ち帰ることができる数多くの小型パンフレットの中からデザイン性に優れた作品約300点を厳選しました。

A collection introducing a wide variety of company and shop pamphlets found in stores and around town, grouped under the categories "food, clothes, shelter, and entertainment." 300 small-scale pamphlets selected for their outstanding design qualities from the great many pieces available to customers for the taking.

## ENVIRONMENT/WELFARE-RELATED GRAPHICS

環境・福祉 グラフィックス

Pages: 240 (Full Color)　¥15,000＋Tax

環境保全への配慮が世界的な常識となりつつある今日、企業も積極的に環境・福祉など社会的テーマを中心にした広告キャンペーンを展開しています。国内外の優れた環境・福祉広告を紹介した本書は今後の広告を考えるために必携の1冊となるでしょう。

Environmental conservation is now a worldwide concern, and corporate advertising campaigns based on environmental and social themes are on the rise. This collection of noteworthy local and international environment/welfare related publicity is an essential reference for anyone involved in the planning and development of future advertising.

## NEW CALENDAR GRAPHICS

ニュー カレンダー グラフィックス

Pages: 224 (Full Color)　¥13,000＋Tax

国内外のクリエイターから集めた個性豊かなカレンダー約200点を、企業プロモーション用、市販用と目的別に収録した、世界の最新カレンダーを特集!!カレンダーの制作現場に、欠かすことの出来ない実用性の高い一冊です。

Over 200 of the newest and most original calendars from designers around the world! Categorized by objective, this collection includes calendars for the retail market as well as those designed as corporate publicity pieces.

## NEW ENCYCLOPEDIA OF PAPER-FOLDING DESIGNS

折り方大全集　DM・カタログ編

Page: 240 (160 in Color)　￥7,800+Tax

デザインの表現方法の1つとして使われている『折り』。日頃何げなく目にしているDMやカード、企業のプロモーション用カタログなど身近なデザイン中に表現されている『折り』から、たたむ機能やすくませ出す、たわめる機能まで、約200点の作品を展開図で示し、『折り』を効果的に生かした実際の作品を掲載しています。

More than 200 examples of direct mail, cards, and other familiar printed materials featuring simple / multiple folds, folding up, and insertion shown as they are effected by folding along with flat diagrams of their prefolded forms.

## EVERYDAY DIAGRAM GRAPHICS

エブリデイ ダイアグラム グラフィックス

Page: 224 (Full Color)　￥14,000+Tax

本書はわかりやすいということにポイントを置き、私たちの身の回りや街で見かける身近なダイアグラムを特集しました。マップ・フロアガイド・チャート・グラフ・仕様説明など、わかりやすいだけでなく、見ていて楽しいものを紹介しています。

This collection features diagrams of the sort we constantly meet in our daily lives, selected with their ready 'digestibility' in mind. The maps, charts, graphs, floor guides and specifications introduced here are not just easy to understand, they're fun to look at, too.

## SMALL JAPANESE STYLE GRAPHICS

スモールジャパン スタイル グラフィックス

Page: 224 (Full Color)　￥15,000+Tax

日本伝統の文様・イラスト・色彩等、和のテイストが随所にちりばめられたグラフィック作品を1冊にまとめました。古き良き日本の美意識を取り入れ、現代のクリエイターが仕上げた作品は新しい和の感覚を呼びさまします。

Traditional Japanese motifs, illustrations, colors—collection of graphicworks studded with the essence of "wa" (Japanese-ness) on every page. See how contemporary Japanese designers incorporate time-honored Japanese aesthetics in finished works that redefine the sensibility known as "Japanese style."

## SCHOOL & FACILITY PROSPECTUS GRAPHICS

学校・施設案内 グラフィックス

Pages: 224 (Full Color)　￥15,000+Tax

「学校」「施設」という2つの大きなコンテンツを軸に、デザイン、企画、コンセプトに優れたカタログ、リーフレットなどの案内ツールを収録。表紙、中ページのレイアウト、構成からキャッチコピーまで見やすく紹介しています。

A collection presenting examples of well-designed and conceptually outstanding guides (catalogs, pamphlets, leaflets, etc) focusing on two broad categories: schools and service facilities. Documentation includes cover and inside pages, highlighting layout, composition, and catch copy.

## LAYOUT STYLE GRAPHICS

レイアウト スタイル グラフィックス

Pages: 224 (Full Color)　￥14,000+Tax

カタログや雑誌などのレイアウトをする上で必要不可欠な、目次や扉ページ・ノンブル・柱などの細かい要素。本書はそれらをパーツごとにコンテンツわけして、優れた作品例を紹介します。美しいレイアウトを作成するための参考資料として、グラフィックデザイナー必携の一冊となるはずです。

Table of contents and title pages, pagination, titles, &c. —these are the essential elements of catalog and magazine layout. This collection presents outstanding examples of editorial design broken down and categorized by their key components. A volume that will prove indispensable to graphic designers as a reference for creating beautiful layouts.

## A4 IN-STORE LEAFLET GRAPHICS

店頭 A4リーフレット グラフィックス

Pages: 224 (Full Color)　￥15,000+Tax

様々な業種の店頭に置かれた販促用のA4・B5サイズのペラ物や2つ折り、3つ折りのチラシ・リーフレットに限定し約650点を収録。デザイナーを悩ます、文字や写真などの構成要素の多い実務的なリーフレットの効果的な見せ方がわかる1冊です。

A collection featuring 650 flat, single- and double-fold A4 and B5 sized leaflets found in retail environments, representing a wide range of businesses. This single volume presents effective examples of the practical business tool that because of its many compositional elements always poses a challenge to designers.

## IDEAS UNBOUND

自由なアイデア & 表現 グラフィックス

Pages: 224 (Full Color)　￥14,000+Tax

本書はコンセプトに基づきアイデアを生かしグラフィック表現されたもの、紙やその他の素材の特徴をうまく生かし表現したもの、最新または超アナログ印刷技術を駆使した作品などを特集したデザイナーのアイデアの宝庫ともいえる必須の一冊です。

This book focuses on conceptual graphic works that exploit the characteristics of paper and other materials to express those ideas, a collection of latest, "state-of-the-art" analog printing techniques and a treasure trove of designers' ideas-a must for anyone who appreciates creative genius.

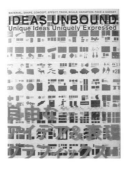

## BRAND STRATEGY AND DESIGN

ブランド戦略とデザイン

Page: 224 (208 in Color)　￥15,000+Tax

「ブランド戦略」にデザイナーが参加することは規模の大小を問わず求められています。今後デザイナーは総合的に戦略を考える力が必要です。本書はデザイナーが積極的にブランド戦略に関わることで認知度アップに貢献した実例を紹介します。

In projects big and small, designers are being called upon to participate in "brand strategy". In coming years, designers will require the ability to consider brand strategy comprehensively. This book presents case studies in which the designer's active role in brand strategy contributed to a higher degree of brand recognition.

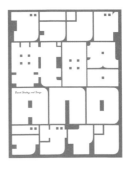

## ADVERTISING PHOTOGRAPHY IN JAPAN 2004

年鑑 日本の広告写真2004

Pages: 229 (Full Color)　¥14,500+Tax

気鋭の広告写真をそろえた（社）日本広告写真家協会（APA）の監修による本年鑑は、日本の広告界における最新のトレンドと、その証言者たる作品を一堂に見られる貴重な資料として、国内外の広告に携わる方にとって欠かせない存在です。

A spirited collection of works compiled under the editorial supervision of the Japan Advertising Photographers' Association (APA) representing the freshest talent in the Japanese advertising world. An indispensable reference for anyone concerned with advertising in or outside Japan.

## ADVERTISING GRAPHICS WITH IMPACT

インパクトのある広告グラフィックス

Page: 224 (Full Color)　¥14,000+Tax

ポスターを中心に雑誌広告などから、コミカルで笑いを誘う作品、衝撃的で目を引く作品、意表をつく奇抜な作品、豪快で驚異的な作品などを紹介。五感に訴え、心に強く残り、高い広告効果をあげているインパクトのある作品の特集です。

A collection of select world advertising with IMPACT! Laughter-provoking comical works, attention-getting shocking works, unconventional works that take viewers by surprise. A collection of primarily poster and magazine ad graphics that appeal to the five senses, demonstrating a wide range of ways to have IMPACT.

## NEW SEASONAL CAMPAIGN GRAPHICS

季節別 キャンペーンツール グラフィックス

Page: 224 (Full Color)　¥15,000+Tax

企業やショップが展開しているる様々なキャンペーンの中からクリスマス、お正月、バレンタイン、母の日、父の日、サマー・ウィンターセールなど、特に季節を感じさせるものに対象をしぼり、そこで使用された優れたデザインの販促ツールやノベルティグッズを紹介します。

Christmas, New Year's, Valentine's Day, Mother's and Father's Day, summer and winter sales, &c, this collection presents outstandingly designed corporate and retail campaign materials and novelties with a season-specific focus.

## PACKAGE & WRAPPING GRAPHICS

パッケージ & ラッピングツール グラフィックス

Page: 224 (Full Color)　¥14,000+Tax

様々な商品パッケージには、販売対象やブランドイメージに沿ったデザイン戦略がなされており、商品イメージを決定する重要な役割を担っています。本書は世界中からデザイン性の高いパッケージとラッピングツールを多数ピックアップし、食・美容・住にコンテンツわけして紹介しています。

Package is based on carefully developed design strategies to appeal to target customers and to build brand and protect image. This collection presents a wide variety of packages and wrapping materials from around the world reflecting the state of the art. It is grouped loosely under the categories food, beauty and living.

## ENVIRONMENTAL COMMUNICATION GRAPHICS

環境コミュニケーションツール グラフィックス

Page: 224 (Full Color)　¥14,000+Tax

環境リポートや、環境をテーマとしたリーフレット、チラシ、ポスターなど、環境コミュニケーションツールを一堂に会し、業種別に紹介します。本書は、会社案内や各種パンフレット制作などあらゆるクリエイティブのアイデアソースとしても、利用価値の高い1冊です。

This book provides an overview of environmental communications tools, including leaflets, handbills and posters that focus on the topic of the environment, classifying them by type of business. This book is indeed a valuable source of creative ideas that graphic artists can use in creating company brochures and many other brochures.

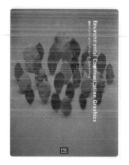

## DIRECT MAIL COMMUNICATIONS

ダイレクトメール コミュニケーション

Pages: 224 (Full Color)　¥14,000+Tax

本書は、顧客とのダイレクトなコミュニケーション・ツールとして活用する、様々な招待状、案内状をまとめたデザイン書です。伝えたい情報が、美しく、分かりやすくデザインされているものや、顧客の遊び心をくすぐるための、仕掛けのあるものなど、様々なタイプのダイレクトメールを多数収録します。

A design book focusing on invitations and announcements designed to function as communications tools that speak directly to their target customer. This collection presents a wide variety of direct mail pieces that deliver their messages beautifully, loud and clear, with tricks and devices, by tickling the playful spirit, and many other unique and interesting ways.

## PUBLIC RELATIONS GRAPHICS

パブリック リレーションズ グラフィックス

Page: 224 (Full Color)　¥15,000+Tax

企業、団体、店舗で発行されている多様な広報誌・PR誌・フリーペーパーを特集しています。人目を引く表紙、見やすいレイアウト、読まれる特集とは？表紙、中ページを見やすく紹介した本書は、デザイン・編集・企画にきっと役立つ1冊となるでしょう。

A special collection focusing on the various public relations magazines, bulletins and free newspapers published by companies, organizations and retailers. What makes eyecatching covers, visually accessible layouts, and features people read? The answers are obvious in the covers and inside pages presented in this single volume —certain to serve as a valuable reference to anyone involved in the design, editing, and planning.

## DESIGN IDEAS WITH LIMITED COLOR

限られた色のデザインアイデア

Page: 208 (192 in Color)　¥13,000+Tax

限られた刷り色で効果的にデザインされた作品を、使用された刷り色の色見本・パントーン（DIC含む）ナンバーと併せて紹介。色の掛け合わせと濃度変化がわかるカラーチャートを併載。無限大のアイデアを探し出すときに必要となる1冊。

A collection of the latest graphic works effectively reproduced using limited ink colors. Presented with color swatches and the Pantone/DIC numbers of the ink colors used, gradation and duotone works also feature simple color charts indicating screen and density changes. A reference of limitless ideas for anyone specifying color.

# WORLD CORPORATE PROFILE GRAPHICS

ニュー 世界の会社案内 グラフィックス

Page: 256 (Full Color)  ￥14,000+Tax

世界から集めた最新の会社案内・学校・施設案内と
アニュアルレポートを業種別に紹介。作品を大きく
見せながらも形態、デザイン制作コンセプト、コン
テンツ内容を簡潔に掲載しています。世界のデザイ
ナーの動向を掴む上でも貴重な1冊です。

The latest exemplary company, school and institution
guides and annual reports collected from diversified
industries worldwide and grouped by line of business.
Shown large scale, the pieces are accompanied by
brief descriptions of their content and the concepts
behind their design. Valuable for gleaning the latest
trends in corporate communications.

# GRAND OPENING GRAPHICS

オープン ツール グラフィックス

Pages: 216 (Full Color)  ￥14,000+Tax

ショップや施設をオープンする際に制作するグラフ
ィックツールは、新しい「空間」のイメージを消費
者へ伝える大切な役割を果たします。本書ではオー
プン時に制作された案内状やショップツール、店舗
写真などを業種ごとに多数収録。

The graphic applications created for the openings of
new stores and facilities play a critical role in
conveying store image to customers. Categorized by
line of business, this book presents the wide range
of graphics — from invitations to in-store collateral –
that form the first impressions in building strategic
store identity.

# OUTSTANDING SMALL PAMPHLET GRAPHICS

街で目立つ小型パンフレット

Pages: 240 (Full Color)  ￥14,000+Tax

街やショップの店頭で手に入る無料の小型パンフ。
50ヶ所以上の街で集めた約1,000点から、販売促進
ツールとして効果的に機能している作品を厳選。
衣・食・住・遊の業種別に分類し機能的で美しい小
型パンフレットを約250点紹介します。

250 small-scale pamphlets selected for their beauty
and function as effective sales promotional tools from
roughly 1000 pieces available to customers at more
than 50 locations. Grouped for valuable reference by
type of business type under the categories: Food,
Clothing, Shelter, and Entertainment.

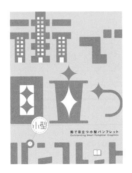

# WORLD CATALOG EXPO

ワールド カタログ エキスポ

Page: 192 (Full Color)  ￥5,800+Tax

一目でわかるように、衣食住のコンテンツは色分け
されています。高級感あるスマートな作品、楽しく
カラフルな作品、斬新なアイデアの作品など、ペー
ジをめくるごとに様々な作品の個性が広がる、国際
色豊かな1冊です。

A survey of outstanding catalogs from around the
world: simple and refined, colorful and playful, full of
novel ideas. Color-coded for easy identification
under the categories: Fashion, Food, and Living.
Highly original works, international in flavor, spill out
with each turn of the page.

# FOOD SHOP GRAPHICS

フード ショップ グラフィックス

Page: 224 (Full Color)  ￥14,000+Tax

レストラン・カフェ・菓子店など、国内外のオリジ
ナリティ溢れる飲食店のショップアイデンティティ
特集です。メニューやリーフレットなどのグラフィ
ックと、内装・外装の店舗写真、コンセプト文を交
え、約120店を紹介。

Restaurants, cafes, sweet shops... 120 of the world's
most original food-related store identities. Together
with graphic applications ranging from menus to
matches, each presentation features exterior and
interior photos of the shops and brief descriptions of
the concepts behind them.

# 365 DAYS OF NEWSPAPER INSERTS  Spring / Summer Edition

365日の折込チラシ大百科 春夏編

Page: 240 (Full Color)  ￥13,000+Tax

全国の主要6都市から厳選された春夏の新聞折込チラ
シを一挙に掲載。優れたデザインや配色、目を引く
キャッチコピーの作品が満載。お正月、成人の日、
バレンタイン、お雛様、子供の日、母の日、父の日
などの作品を含む季節感溢れる1冊です。

Volume 3 of our popular series! Eye-catching
newspaper inserts – outstanding in design, color and
copywriting – selected from 6 major Japanese cities
between January and June. Brimming with the spirit
and events of spring: New Year's, Valentine's Day,
Girls'/Boys' Days, Mother's/Father's Days, and more.

## カタログ・新刊のご案内について

総合カタログ、新刊案内をご希望の方は、はさみ込みのアンケートはがきを
ご返送いただくか、90円切手同封の上、ピエ・ブックス宛お申し込みください。

## CATALOGS and INFORMATION ON NEW PUBLICATIONS

If you would like to receive a free copy of our general catalog
or details of our new publications, please fill out the enclosed postcard
and return it to us by mail or fax.

## CATALOGUES ET INFORMATIONS SUR LES NOUVELLES PUBLICATIONS

Si vous désirez recevoir un exemplaire qratuit de notre catalogue généralou des
détails sur nos nouvelles publication. veuillez compléter la carte réponse incluse et
nous la retourner par courrierou par fax.

## CATALOGE und INFORMATIONEN ÜBER NEUE TITLE

Wenn Sie unseren Gesamtkatalog oder Detailinformationen über
unsere neuen Titel wünschen.fullen Sie bitte die beigefügte Postkarte aus
und schicken Sie sie uns per Post oder Fax.

ピエ・ブックス

〒170-0005　東京都豊島区南大塚2-32-4
TEL: 03-5395-4811　FAX: 03-5395-4812
www.piebooks.com

PIE　BOOKS

2-32-4 Minami-Otsuka Toshima-ku Tokyo 170-0005　JAPAN
TEL：+81-3-5395-4811　FAX：+81-3-5395-4812
www.piebooks.com